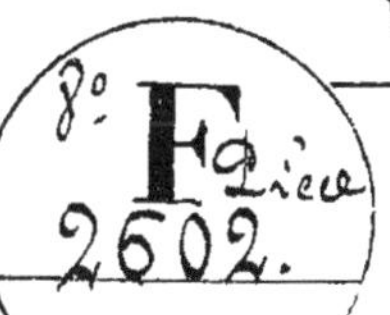
8° F Pièce 2602.

AF494352

DE

L'INSTRUCTION CRIMINELLE

ET

DES PROJETS DE RÉFORME

PAR

L. THIL

Conseiller honoraire

ROUEN

ANCIENNE IMPRIMERIE LAPIERRE

1, Rue Saint-Etienne-des-Tonneliers, 1

1896

DÉPÔT LÉGAL
Seine Inférieure
N° 510
1896

DE

L'INSTRUCTION CRIMINELLE

ET

DES PROJETS DE RÉFORME

BIBLIOTHÈQUE NATIONALE R.F. IMPRIMÉS

PAR

L. THIL

Conseiller honoraire

ROUEN

ANCIENNE IMPRIMERIE LAPIERRE

1, Rue Saint-Etienne-des-Tonneliers, 1

—

1896

Pièce
8° F
2602

DE L'INSTRUCTION CRIMINELLE

ET DES PROJETS DE RÉFORME

I

De la Procédure criminelle et du Secret de l'Instruction

Il est question de faire subir à l'instruction criminelle de profondes modifications. Depuis longtemps on s'en préoccupe. Le Sénat a traduit son opinion dans un projet de loi, soumis aujourd'hui à la Chambre des Députés. Celle-ci a nommé une Commission, et M. Bovier-Lapierre a déposé son rapport. Il ne se passe pas de jour sans que la presse ne se livre à des critiques. Le secret de l'instruction, la mise au secret sont attaqués avec une violence extrême, à tel point qu'on réclame la publicité de l'instruction, c'est-à-dire l'intervention du défenseur de l'inculpé à tous les actes du juge.

Malgré notre désir de ne pas nous lancer sur un terrain hérissé de difficultés, nous cédons à des sollicitations pressantes, en nous engageant dans le débat. Nous pensons qu'il est opportun, avant que le principe de la publicité de l'instruction soit inscrit dans notre législation, de rechercher s'il convient de l'admettre et quelle part peut lui être concédée.

Nous croyons nécessaire d'indiquer tout d'abord le rôle du juge d'instruction, le motif du secret de l'instruction, l'utilité ou la non-utilité de la mesure accessoire de la mise au secret.

DU JUGE D'INSTRUCTION

Dans chaque tribunal de première instance un juge est chargé de l'instruction des affaires délictueuses. Aux termes des articles 55, 56, 57, 58 du code d'instruction criminelle, il est choisi par le gouvernement et nommé par décret. Il est de droit désigné pour une période de trois ans et sa délégation peut être renouvelée. Dans la pratique il reste en fonction tant qu'il n'est pas remplacé par un décret. Un juge suppléant, attaché au tribunal, peut être chargé de l'instruction. En cas d'empêchement, de maladie, le tribunal, en assemblée générale, désigne un autre juge pour le remplacer temporairement. Le juge d'instruction tient, comme on le voit, ses pouvoirs de l'autorité supérieure par un décret signé du chef du pouvoir exécutif. Accidentellement le tribunal pourvoit à son remplacement.

Dans des tribunaux importants plusieurs juges sont chargés de l'instruction, mais toujours nommés par un décret.

Le juge ou chacun des juges instructeurs est saisi par la réquisition d'informer que lui adresse le procureur de la République qui, seul, a le droit de mettre en mouvement l'action publique. Mais à partir de ce moment, suivant la théorie du code d'instruction criminelle, le juge a le droit absolu de diriger l'information pour arriver à la découverte de la vérité; son instruction est et reste secrète, c'est-à-dire que les éléments dont elle se compose ne peuvent être livrés à la publicité.

Ses pouvoirs, nous n'avons pas à le dissimuler, sont des plus étendus. Ils mettent à sa disposition la liberté individuelle, le secret des familles, l'inquisition, par voie de perquisition, soit au domicile de l'inculpé, soit chez toute personne soupçonnée de posséder des documents de nature à éclairer ses agissements. Maître incontesté de la marche à suivre dans ses recherches, on ne peut exiger, par une intervention quelconque, qu'il agisse autrement que ne lui dicte sa conscience. En cela réside sa force. Dans sa sphère d'action, nulle autorité n'égale la sienne, qui n'a d'autres limites que celles imposées par la loi.

Aussi ne saurait-on apporter trop de soin dans le choix des magistrats investis d'une telle puissance. Il faut à cet égard que les pouvoirs publics se dégagent de toute préoccupation personnelle et n'aient d'autre souci que d'avoir à leur disposition un homme intègre qui, dans certains cas, puisse être un pondérateur respectueusement libre dans ses appréciations.

Le juge d'instruction est l'homme de la vérité ; sa mission est de la faire sortir du chaos des premières informations, recueillies à la hâte, qui, toutes précieuses qu'elles soient, doivent être contrôlées minutieusement. Le juge qui ne s'inquiéterait de rien autre chose que des charges propres à établir la culpabilité, manquerait à la partie essentielle de sa mission. Pour lui, l'homme coupable ne doit être qu'un inculpé ayant le droit de se défendre et de demander que ses allégations soient élucidées avec le même soin que celles tendant à prouver sa culpabilité.

En réalité, c'est ce côté délicat de la mission du juge qui donne lieu aux plus amères critiques du secret de l'instruction. Cependant ce secret ne doit pas sortir, sous n'importe quel prétexte, des murs du cabinet du magistrat.

Ces principes sont les vrais et ils expliquent en partie les motifs du législateur. Sans doute l'inculpé paraît livré sans défense à celui qu'il considère comme son adversaire impitoyable. Innocent, il saura bien, par la seule force de la vérité, le convertir en un défenseur qui remplira encore sa mission en lui donnant, sans regret et sans passion, l'appui de sa conscience.

Tel est le rôle, et c'est ainsi que nous l'avons toujours compris, le vrai rôle du juge d'instruction qui, chargé des intérêts de la société, n'y doit pas sacrifier ceux de l'inculpé. L'instruction faite dans ces conditions peut affronter les débats publics. Ceux-ci ne feront qu'en confirmer les données, en les complétant par plus de précision. On sera tenté de dire : Vous tracez l'idéal du juge d'instruction. Pas tant qu'on le croit. Ce sont les exceptions qui ameutent contre l'ensemble et lui font jeter l'anathème.

DU SECRET DE L'INSTRUCTION

Les esprits superficiels ne voient dans le secret de l'instruction qu'un danger; ceux, au contraire, auxquels l'expérience a donné plus de lumières, y voient un avantage. Le secret empêche la divulgation de bien des faiblesses qui disparaissent avec la vérité. L'homme, sortant indemne de l'instruction, rentre dans son intégrité première et il a le droit de faire taire ceux qui seraient tentés de l'oublier.

Faites disparaître le secret de l'instruction, la situation n'est plus la même. Tout se retourne contre l'inculpé qui ne peut engager une polémique avec les multiples voix de la presse. Innocent ou coupable, la publicité s'empare de lui, insiste sur ce qui peut flatter les uns ou les autres. On ne lui épargnera aucune insulte, aucun outrage, aucune insinuation perfide. Il sera le but d'une course au clocher où chacun rivalisera d'adresse dans l'exposé de tel ou tel système. On assistera à ce douloureux spectacle d'une lutte à outrance où, si la passion politique s'y mêle, l'innocent succombera. L'opinion publique sera faussée, elle influencera le juge ou le juré, surtout ce dernier, qui ne saura pas se défendre d'une opinion préconçue. Là est le vrai danger de l'instruction non secrète.

En présence de ce déchaînement de publicité, il n'est pas un inculpé, sauf les rodomonts du crime, heureux qu'on parle de leurs faits et gestes en y ajoutant des détails sensationnels, qui ne préférât le secret et ne demandât le silence sur ses actions jusqu'au jour inévitable de la publicité des débats contradictoires. Qu'on se mette à la place d'un inculpé dont tous les bons sentiments ne sont pas éteints et on conviendra que la publicité, dans ces conditions, est une chose néfaste. Qu'on ne suppose pas que la peinture des conséquences de la publicité soit poussée au noir pour faire valoir le secret comme un bienfait; elle n'est que trop exacte et au-dessous même de la vérité.

On dit qu'on ne réclame pas une complète publicité. Sans doute quelques esprits n'oseraient aller jusque-là et trouveraient que leur pensée a été dénaturée. Soit, mais alors à quel point de l'instruction le secret sera-t-il levé? Les uns, après l'interrogatoire, d'autres voudront peut-être l'étendre jusqu'après l'audition des témoins, avant la clôture de l'instruction. Mais si, à un moment quelconque de l'instruction, le secret est levé, qu'importe qu'il ait été gardé jusque-là. L'instruction est livrée à la publicité, fouillée dans tous les sens et rien, du commencement à la fin, n'est plus secret. Les inconvénients signalés plus haut, pour être retardés, ne s'en produiront pas moins. Le secret, jusqu'au jour de l'audience, est donc nécessaire. Nous verrons quels tempéraments peuvent y être apportés dans l'unique intérêt de l'inculpé.

DE LA MISE AU SECRET

Certains, par la suppression du secret, entendent parler de la mesure d'isolement qui est prise contre un inculpé, au cours de l'information. Réduite à ces termes, il sera facile de se mettre d'accord. Cependant il ne faut pas tomber dans une exagération qui compromettrait le succès d'une instruction.

Les magistrats instructeurs sont chargés de réunir les preuves de culpabilité qui, souvent, sont obscures dans les premiers temps de l'information. Leur interdire de prendre des mesures préventives pour empêcher que des communications avec le dehors ne compliquent l'instruction, sans autre résultat que de la retarder, serait chose imprudente. On s'exposerait à prolonger, outre mesure, la détention préventive contre laquelle on s'élève avec force. Nombre de fois les magistrats ont vu leur travail contrecarré par des amis complaisants ou par des complices. Est-ce à dire que cette mesure doive être prise inconsidérément? nullement. Elle n'est pas d'ailleurs employée dans les plus nombreuses affaires; ce n'est que rarement qu'on y a recours et, le plus souvent, pendant l'information, quand des indications fournissent la preuve qu'on est en présence d'inculpés voulant déjouer toutes les investigations. Cette mesure est l'exception et la durée en est ordinairement très limitée. On doit, avec juste raison, blâmer le magistrat qui, sans motif aucun, userait de ce procédé d'information. Qu'on limite la durée de l'interdiction de communiquer, rien de mieux; mais non qu'on la prohibe.

Il est à remarquer que de très sérieux esprits, au nom même de la philanthropie, préconisent le régime de la détention cellulaire. Ce régime n'est rien autre que l'isolement absolu. Il présente certains avantages, en enlevant le danger résultant de la promiscuité de la détention qui, il faut le reconnaître, a une influence fâcheuse sur l'avenir de l'inculpé ou du condamné. Combien de ces malheureux doivent à la fréquentation de co-détenus, de retomber et de repeupler les prisons. Que voulez-vous, en effet, que puisse faire un inculpé, un prévenu, même acquitté, un condamné, après sa peine subie, lorsqu'il se retrouve en présence d'un criminel qui, détenu avec lui, lui rappellera le temps de leur vie commune en prison! Il n'y a pas que sur les sommets que s'exerce un vil et honteux chantage. Pour les malheureux, c'est plus qu'une question d'argent, c'est une question de vie ou de mort. Aussi une statistique intéressante devrait être faite dans ce sens: rapprocher la récidive d'un condamné avec la communauté de la détention.

En exposant ainsi la mission du juge d'instruction, le secret de l'instruction, la mise au secret, on ne prétend pas dire que des abus ne se soient pas rencontrés; mais ces abus sont la minorité. Ce serait erreur de croire que, sous n'importe quel régime, même sous celui de la publicité absolue, on n'aurait pas à en signaler. Les meilleures lois peuvent, dans leur application, motiver des critiques, elles n'en doivent pas moins être maintenues.

II

M. Cruppi et la Cour d'Assises de la Seine

Pendant que nous cherchions à nous rendre compte des différents systèmes présentés pour remédier aux inconvénients de l'instruction secrète, M. Jean Cruppi a fait paraître, dans la *Revue des Deux-Mondes,* une étude sur la cour d'assises de la Seine où il semble vouloir traiter la question qui nous occupe. Sans entrer dans le vif du débat, on peut juger qu'il blâme l'instruction secrète, qu'il blâme toute la théorie du code d'instruction criminelle. Il ne s'agirait de rien moins que de remanier tout ce qui a trait à l'instruction des affaires confiées à un juge unique. Ses tendances seraient pour un retour, nous ne dirons pas aux principes de 89, mais pour emprunter aux législateurs de cette époque l'application à notre pays de l'organisation criminelle telle qu'elle est pratiquée en Angleterre. Il veut bien se demander si nous sommes assez mûrs ou assez aptes pour en accepter tous les devoirs.

Cette concession faite, M. Cruppi s'arrête et ne conclut pas. Il eût été cependant plus qu'intéressant de connaître comment il procéderait à la réorganisation criminelle. Car s'il est permis à des journalistes, à des philosophes, dissertant sur les principes, de ne pas en tirer une conclusion pratique, on doit demander davantage d'un esprit éclairé, judicieux ayant pu, par expérience personnelle, se rendre compte du fort ou du faible de certaines théories. Or, comment faut-il entendre une nouvelle organisation de l'instruction criminelle, en rapport avec nos mœurs, nos habitudes, notre caractère tout particulier d'entrain, de légèreté; facile à entraîner, sous l'empire d'une passion qui ne laisse ni à l'esprit, ni à la raison la moindre latitude d'un examen sérieux et réfléchi? Tel est en réalité notre caractère, enthousiaste pour une idée quelle qu'elle soit, sans pondération d'aucune sorte, ne sachant jamais profiter des leçons de l'expérience, promettant, comme les enfants, d'être sage et, au moindre vent, oubliant tout pour ne voir que le présent et s'y jeter en aveugle.

Qu'on ne suppose pas que nous entendions renier quoi que ce soit de ce qui fait précisément le charme de notre caractère auquel, qu'on le veuille ou non, on se laisse prendre, et dont malgré tout on subit l'influence. Que serait, par ce temps de démocratie, la situation de tous les pays, si nous n'en n'avions pas été les initiateurs? En face de l'Angleterre seule, toutes les portes du continent eussent été fermées, et pour qu'elles s'ouvrissent plus ou moins à cette idée d'un gouvernement devant compter avec des institutions entachées de liberté, il a fallu qu'avec notre folle audace, nous nous y soyons jetés à corps perdu, dépassant des limites que l'organisation sociale ne peut franchir sans péril.

Il faut donc, de toute nécessité, compter avec ce caractère quand, dans l'intérêt de la société, il y a lieu de sévir contre des membres coupables. La société a certes le droit de se défendre, bien que quelques-uns soient tentés de le lui dénier.

Il nous paraît utile, bien qu'il élargisse le cadre que nous nous étions tracé, de faire connaître les données principales du travail de M. Cruppi.

Poursuivant son étude sur la cour d'assises de Paris, M. Cruppi en fait une peinture dramatique qui ne manque pas de charme. Il nous fait assister à ce qu'il y a de passionnant dans un grand débat judiciaire où la tête d'un accusé est en jeu. Il nous représente le président, le ministère public n'ayant d'autre préoccupation que d'assurer le succès d'un verdict affirmatif, dût disparaître l'impartialité qui doit présider aux débats. L'accusé, seul, soutenu par son défenseur, tient tête à l'accusation et demeure affolé par les interpellations des uns et des autres qui tendent toutes à démontrer sa culpabilité. Le public, avec ses passions diverses, n'est pas exclu de la peinture; il est là, s'agitant, s'intéressant au moindre détail, relevant même par des approbations ou des désapprobations plus ou moins discrètes son état d'âme. L'agencement de la scène, qu'on nous passe la vulgarité du mot, est empoignant, et il est impossible de résister à l'impression qu'il produit; il entraîne à des appréciations qu'un esprit froid et sérieux ne peut même plus peser avec maturité.

Nous sommes loin, comme on le voit, de méconnaître le talent de l'écrivain, le succès est complet. Mais pourquoi, si on fait la part si large à la critique, ne pas la faire de même à la défense et ne voir, dans ce qui se passe à la cour d'assises, qu'une joute oratoire où chacun s'efforce de briller, sans nul souci du malheureux dont les actes se dévoilent sous le scapel de l'éloquence.

Combien les temps sont changés depuis que nous avons vu, assisté, pris une modeste part à cette grande scène de la cour d'assises! Remontons à cinquante ans en arrière et nous pouvons affirmer à M. Cruppi que la mise en scène était toute autre. Il n'a pas assisté à des affaires présidées par les Ferey, les Partarieu-Lafosse, les Zanziacomi et bien d'autres. S'il eût été de cette époque, son impression eût été différente. Il se serait senti pénétré du respect de la justice qui ne se montrait pas sous les couleurs d'un décor dont il peint la physionomie avec un entrain et une verve satirique.

Le jury, qu'il représente composé d'éléments si singuliers, était tout différent. En voyant ceux qui le formaient et assumaient la terrible responsabilité d'une déclaration de culpabilité on comprenait qu'on était en face d'hommes qui envisageaient leur mission temporaire avec dignité, fermeté et justice. Certes à cette époque éloignée, le public était nombreux, houleux parfois et néanmoins calme et juste dans ses appréciations, discernant le fort et le faible des débats auxquels il assistait. Etait-ce la dignité même de ceux qui personnifiaient la justice ou une éducation meilleure? Sans doute l'un et l'autre; toujours est-il que tous, président, ministère public, défenseurs et jurés inspiraient confiance et n'étaient la risée de personne.

Si nous en croyons M. Cruppi, il n'en est plus ainsi. C'est malheureux évidemment, mais à quelle cause l'attribuer? Comment y remédier? Autant de questions auxquelles la perspicacité de l'écrivain devrait répondre. Nous ne nous permettrons pas de le faire; on nous taxerait d'arriéré, d'hostile à tout progrès. Et cependant la déduction des critiques de M. Cruppi ne s'impose-t-elle pas? Président, ministère public, jurés, avocats, public, rien n'est épargné. Tous et chacun demandent une réforme. Du personnel, nous ne voulons pas en parler, M. Cruppi en dit plus que nous n'oserions le faire; des jurés, si le niveau a baissé, il faut le relever; des avocats, que l'exemple leur vienne de haut et ils le suivront; quant au public, diminuez-en le nombre et bannissez-en, ce qu'on peut appeler à bon droit le décor, les spectateurs à toilette, à lorgnon, à jumelles, à éventail; ne leur donnez pas des places de faveur trop en vue. La cour d'assises doit être un enseignement, non un amusement. Nous n'avons jamais compris les coquetteries des présidents pour un certain monde. A Paris, il est vrai, il y a tant de nerfs qui ont besoin des secousses de l'émotion pour revivre un instant! Ils excitent l'esprit qui veut briller et sentir le murmure approbateur à un trait, à une répartie plus ou moins bien placée, dût en souffrir la dignité de la justice.

En province et dans certains milieux judiciaires, les choses se passent autrement. Nous convions M. Cruppi à venir à Rouen, à assister à quelques audiences de la cour d'assises, tenues dans l'ancienne grande chambre du Parlement de Normandie. Sans doute il y trouvera encore à exercer sa verve critique, mais combien elle sera plus anodine que celle qu'il déploie au préjudice de la justice de Paris.

Le progrès, dira-t-on, vous ne pouvez l'empêcher de marcher. Peut-être, mais est-ce un progrès que de jeter la déconsidération sur ce qui doit être respecté? Est-ce un progrès que de battre en brèche toutes les institutions, celle surtout de la justice? Nous l'avons vu commencer, ce progrès, dans ces comptes-rendus fantaisistes des audiences correctionnelles, auxquels les journaux judiciaires se sont empressés de prêter leur publicité. Les écrivains, chargés de ces comptes-rendus, se sont d'abord essayés à en relever les côtés risibles, parfois ridicules, en ayant grand soin d'y ajouter tout ce que leur imagination leur suggérait. De l'inculpé, du témoin, il n'y avait qu'un pas à faire pour atteindre le magistrat. Ce pas a été franchi, la riposte s'en est suivie. Le magistrat n'a pas voulu rester sous le coup qu'on lui portait et peu à peu il s'est engagé dans une voie fâcheuse. L'esprit, les saillies, les bons mots sont venus se placer sur sa bouche, au grand plaisir du public, et faire assaut de verve avec les auteurs des comptes-rendus, dont les éloges compensaient l'absence de dignité.

C'est là, pour être juste, qu'il faut chercher le point de départ du changement dans les mœurs judiciaires de Paris. M. Cruppi ne serait pas éloigné d'en avoir le sentiment. Dans sa description de la justice anglaise, il nous fait entrer dans la salle d'Old Bailey, où va se dérouler le drame criminel qui place l'accusé en présence des jurés. Tout est froid, pas de mise en scène, public restreint, salle d'audience où tout le monde est à l'étroit. Le magistrat, directeur du jury, coiffé de la perruque traditionnelle, est sur son siége. Il n'a d'autre mission que de suivre la lutte qui va s'établir entre l'avocat de la couronne et le défenseur. Il note les dépositions des témoins et n'intervient que pour enseigner au jury ce qu'il convient de faire. Juge lui-même. il ne dissimule pas son opinion, il l'énonce clairement, nettement. L'accusateur public, le défenseur sont aux prises, les témoins entendus sont l'objet de leurs interrogations; ils ne doivent répondre que sur ce qu'ils ont vu ou su par eux-mêmes; l'accusé prend personnellement part au débat avec une liberté absolue. La discussion ne donne pas lieu à des effets oratoires, elle ne dépasse pas le diapason d'une conversation où l'accusateur et le défenseur exposent la manière dont ils apprécient les dépositions, les déductions qu'ils en tirent. Comme il n'y a pas d'instruction écrite, ce sont les notes prises par le président qui en tiennent lieu et sont soumises aux jurés.

« Ce patient débat, nous dit M. Cruppi, avec ses arrêts de calme et de réflexion, marque une recherche de la vérité un peu lente, sérieuse, exempte de toute pose. C'est une preuve que ces gens-là veulent établir et non un effet qu'ils veulent produire. Ils travaillent à l'audience, ils n'y viennent pas avec leur siège fait. »

La critique des mœurs judiciaires de Paris ne peut être plus amère, elle doit être vraie. M. Cruppi connaît la forteresse dont il fait le siège, mais n'aurait-il pas, lui aussi, son siège fait? N'a-t-il donc jamais rencontré des magistrats et des jurés comprenant autrement leur rôle, ne sacrifiant rien au décor? S'il n'en a pas vu, nous plaignons la justice criminelle parisienne et nous sommes loin de lui porter envie. Dans cette étude de la cour d'assises de la Seine, nous aimons à y voir de l'exagération, ou plutôt, non des effets oratoires dont se défend M. Cruppi, mais des effets d'écrivain, tout aussi dangereux sur le public que l'éloquence d'un défenseur sur les jurés.

Mais quelles conclusions en tirer ? car c'est toujours là qu'il faut en venir ; une réforme, quelle réforme ? Est-ce l'ensemble de la procédure criminelle qu'il faut entreprendre, est-ce seulement à des détails qu'il faut s'attacher ? Nous aimerions à voir se dévoiler sous la plume de M. Cruppi la réponse à ces questions. Peut-être que les lecteurs de la *Revue des Deux-Mondes* reculeraient devant l'aridité du sujet, qu'importe ? Ils ont suivi, noté les critiques et ils accepteront, sinon avec enthousiasme du moins avec intérêt, l'indication des mesures à prendre pour ramener la décence, la dignité, la majesté de la justice criminelle.

Nous semblons nous être éloigné du but principal de notre étude en essayant de dégager du travail de M. Cruppi les idées qui y sont formulées. Il y a néanmoins un lien entre les deux sujets.

M. Cruppi nous a montré, ou plutôt déshabillé, le fonctionnement de la justice parisienne. En réalité, suivant lui, ce fonctionnement est vicieux. Nous nous garderons bien de le méconnaître. Mais quelles en sont les causes ? Pourquoi ce tolle de la presse et l'affolement qui en résulte ? En les recherchant, nous nous rapprocherons de l'instruction criminelle telle qu'elle devrait se pratiquer. Mais avant tout il convient de faire toucher du doigt le vice qui entache la justice criminelle parisienne et mettre le système anglais en regard du système français. On pourra ainsi apprécier lequel des deux est préférable.

III

De la Procédure criminelle en Angleterre et en France

A quelle causes, nous sommes-nous demandé, attribuer le vice, signalé par M. Cruppi, dans le fonctionnement de la justice criminelle parisienne?

Bien que nous ayons le devoir de respecter l'homme, le magistrat, nous sommes forcé de constater des défaillances là où elles ne devraient pas se rencontrer. Ce n'est pas au magistrat que nous les imputons, mais au régime politique qui manque à sa mission de préservation sociale. Par l'intervention de la politique on fait sortir la justice de son rôle et on l'oblige à s'associer à des mesures qu'elle repousserait si elle était libre d'agir. La presse serait-elle aussi acharnée après elle si on la laissait se mouvoir dans sa réelle sphère d'action?

Mais, en présence de ces nombreuses interpellations qui se développent devant le Corps législatif, on sent que leurs auteurs ont la volonté de donner à la justice répressive une direction à laquelle les ministres s'empressent de déférer. On en est d'autant plus frappé que parfois un éclair de bon sens, de probité, se produit. A peine s'il a jeté sa lumière qu'on se hâte de l'obscurcir. Cornélius Herz, Arton et tant d'autres n'en sont-ils pas un exemple? A qui fera-t-on croire que Cornélius Herz et Arton n'eussent pas pu être arrêtés depuis longtemps? N'a-t-on pas vu à chaque instant intervenir dans les affaires criminelles celui-là même qui a le devoir, dès l'instant que la justice est

BIBLIOTHÈQUE NATIONALE R.F. IMPRIMÉS

mise en mouvement, de lui laisser suivre son cours régulier. C'est en cela que se trouve le péril de la justice parisienne.

Si, comme en Angleterre, chacun, qu'il eût ou non un intérêt pécunier à défendre, avait le droit d'action principale, directe, ou, l'instruction ouverte, de se joindre à l'action publique, ce qui se passe dans les sphères politiques n'aurait aucune influence sur la marche de l'instruction criminelle. Cette action, sous la menace de laquelle ils seraient placés, donnerait à réfléchir à ceux qui font agir les ressorts politiques au gré de leurs passions ou de leur intérêt. Ils seraient tenus en échec et, avant de se lancer dans des affaires plus ou moins ténébreuses, ils y regarderaient à deux fois, sûrs qu'ils seraient que leur influence sur tel ou tel ministre ne pourrait prévaloir auprès de ceux qui seraient en dehors de leurs menées.

Il y aurait sans doute des inconvénients, mais à côté se trouveraient de sérieux avantages. On aurait vite raison de cette tourbe d'aigrefins qui ont de l'audace parce qu'ils savent qu'on ne les atteindra pas.

Cette action existait à Rome. Si elle était reconnue en France, nous aurions nos Cicéron et nos Verrès. Le juge d'instruction se sentirait soutenu, il userait de son pouvoir et suivrait une voie droite, ferme, déblayée des ronces où il risque de s'accrocher.

En nous exprimant ainsi on serait tenté de croire que nous nous livrons à des personnalités ; telle n'est pas notre pensée. Nous nous en prenons au régime, à l'abus du parlementarisme. Pour se maintenir au pouvoir les hommes mis à la tête du pays sont forcés de subir la pression de coteries, de groupes, de sous-groupes politiques qui leur mettent le marché à la main et qui n'ont d'autre souci que de leur tendre des pièges, s'ils ne répondent pas à leurs sommations. Une République, comme une monarchie, a besoin d'un pouvoir fort pour tenir chacun à sa place. Les scandales qui se révèlent à tout instant démontrent surabondamment le vice du fonctionnement politique qui rejaillit sur l'administration judiciaire. Il n'est pas de régime monarchique qui eût résisté à cette boue remuée depuis dix ans : il ne s'y serait pas d'ailleurs aventuré, certain qu'il eût été d'une chute irrémédiable. Qu'on nous pardonne cette digression, qui n'est pas sans utilité.

Dans les différents systèmes de réforme qu'on agite on remarque une préférence pour la procédure anglaise. Il convient d'en dire un mot et de la comparer avec la nôtre. Nous nous contenterons d'en indiquer quelques points principaux.

En Angleterre, l'action publique n'est pas réservée à la couronne ; chacun a le droit de la mettre en mouvement. La société se défend, il est vrai, mais par l'initiative personnelle, tantôt se joignant à l'action de la couronne, tantôt agissant seule. On voit par là ce que la poursuite des crimes et délits a de défectueux. On s'en préoccupe sérieusement de l'autre côté du détroit. Plusieurs bills ont fait un pas en avant, mais la crainte de donner une part trop large à l'autorité de la couronne, au détriment de l'initiative individuelle, fait reculer les meilleurs esprits dans une réforme qui serait empruntée à notre instruction criminelle.

Il est vrai que la publicité est en Angleterre le principe sur lequel repose l'instruction. Néanmoins, lors de l'enquête pour la constatation du délit et la réunion des premiers éléments d'information, le *secret* est imposé *sous serment* à ceux qui y prennent part. En cas de flagrant délit, de soupçons graves, chacun agit. Le constable par cela seul qu'il pose, nous ne disons pas la main, mais le bâton sur la personne soupçonnée, n'éprouve aucune résistance. L'individu ainsi arrêté le suit chez le magistrat qui décide du maintien de son arrestation ou de sa mise en liberté.

Rien de semblable n'a lieu en France, sauf en cas de flagrant délit. En dehors de ce cas spécial, nul agent, sans mandat du juge d'instruction, ne peut agir. A la différence de l'Anglais qui obéit, le Français est toujours disposé à résister. Tant que nous n'aurons pas le respect de l'autorité, il n'y aura pas d'assimilation possible entre les deux manières de procéder.

Sans doute on ne demande pas d'augmenter les attributions de la police, mais de prendre dans la législation anglaise la liberté de l'accusation et de la défense dans l'instruction. Soit, nous allons voir si elle se plie à nos mœurs.

Par cela que l'action publique peut être exercée par un simple particulier, il s'en suit que celui-là qui a le droit d'agir doit se rendre à tous les actes de l'instruction. De là découle un devoir, celui de ne pas s'abstenir lors des premières constatations auxquelles se livre le magistrat, assisté de notables de la communauté. Ceux-ci opèrent avec lui. Ces préliminaires remplis, il ne reste plus en présence que celui qui agit soit au nom de la couronne, soit comme simple particulier, et l'inculpé. D'information judiciaire, il n'y en a pas, elle se fait à l'audience publique devant un jury d'accusation où accusateur et inculpé se présentent; des témoins sont entendus, et le jury décide s'il y a lieu ou non à renvoi devant le jury de jugement. Telle est l'instruction préventive. Tous les éléments d'information ne sont pas réunis. Ils se développent devant le jury de jugement où les témoins, cités par le poursuivant et l'accusé, sont entendus. Le magistrat, directeur du jury, surveille le débat. Il y assiste sans y prendre part, il l'empêche seulement de s'égarer et formule nettement son avis. Il est obligé de prendre note des dépositions et ses notes sont communiquées au jury. Tel est le résumé de l'instruction criminelle en Angleterre. Quelle que soit la décision du jury, elle est exécutée. S'il y a condamnation, tout est dit, le silence se fait sur le condamné, il est supprimé de la société, la presse ne s'en occupe plus.

En est-il de même en France où la publicité suit le condamné dont elle note les moindres gestes, s'empare de ses pensées réelles ou supposées et lui dresse, suivant les circonstances ou les passions, soit un piédestal, soit le poteau d'infamie?

Toujours est-il, qu'à notre avis, nous avons une conception plus haute et plus nette des droits et des devoirs de la société.

Le pays a délégué sa souveraineté à l'autorité du gouvernement pour la poursuite des délits et des crimes. La partie civile peut cependant agir en dehors d'elle, mais seulement dans les affaires de délits correctionnels, lorsqu'elle a un préjudice à faire réparer. En matière de crimes, elle n'a d'autre droit que de porter plainte et, s'il y a poursuite, de se joindre à l'action publique; si le préjudice n'est pas tangible, elle est écartée de tout débat.

Serait-il bon d'effacer cette différence entre la poursuite des crimes et des délits? Conviendrait-il de laisser, comme en Angleterre, chacun libre d'agir? Ce sont de bien grosses questions qui, par ce temps de réformes, devraient être l'objet de très sérieuses méditations.

Cependant, quels que soient les vices qu'on se plaît à relever contre notre instruction criminelle, il n'est pas moins certain que la législation anglaise tend à lui emprunter beaucoup de ses dispositions ; que le mode d'instruire, si vivement attaqué par la presse, a provoqué de la part d'un homme de loi anglais cette appréciation : « Rien n'est plus parfait que le système français, tant pour la recherche des coupables que pour la préparation de l'accusation, en un mot dans tout ce qui concerne les mesures précédant le jugement. » (V. Glasson, t. 6, page 764.)

Ne soyons donc pas si dédaigneux de notre organisation, cherchons seulement s'il n'y a pas à y apporter quelques améliorations, uniquement de détail.

Faut-il revenir, comme le conseillent divers publicistes, à la justice anglaise ? Ces écrivains seraient bien surpris si on les prenait au mot et si on les renvoyait aux différents agents ou simples particuliers qui prennent part à l'évolution de l'instruction préparatoire. Quel que soit leur talent d'assimilation, ils risqueraient fort de s'égarer en chemin et, chose étrange, de rester en détention préventive encore plus longtemps qu'en France. Il y a mieux, s'ils se portaient accusateurs, ils pourraient être astreints à fournir une caution, sanction de l'obligation de continuer les poursuites ; s'ils n'en fournissaient pas, la détention en serait la conséquence ; ils seraient en prison quand leur voleur jouirait de la liberté. Cela s'est vu pour des étrangers, ainsi que l'affirme M. Glasson. Après avoir étudié le système de la poursuite en Angleterre, nous sommes convaincu que M. Glasson n'exagère rien. Il cite encore un exemple typique. La femme d'un laboureur fut assassinée et son corps brûlé. Le coupable était connu, personne n'osait s'engager dans la poursuite soit à cause des frais, soit par crainte de vengeance. Un magistrat excita le zèle d'un attorney (avoué) qui se constitua *prosecutor*, poursuivant ; l'instruction suivit son cours, le coupable fut condamné et les frais, s'élevant à un millier de francs, restèrent pour compte au malheureux attorney. (Glasson, t. 6, page 727.)

On nous accusera peut-être de vouloir plaisanter ceux qui nous convient à copier la législation anglaise; telle n'est pas notre pensée. D'ailleurs, les législateurs de 1789 l'ont essayé et il est utile de rappeler leur tentative.

Dès 1789, par un décret du 3 septembre, l'Assemblée nationale porte le premier coup à la procédure criminelle faite en secret et avec l'emploi de moyens barbares. Elle avait été cependant précédée dans cette voie par une déclaration du roi du 16 mai 1788. Mais les idées, sinon le temps, avaient marché. On était aux aspirations généreuses qui faisaient abandonner par la noblesse, par le clergé, leurs privilèges. On avait, par la turbulence du Tiers-Etat, supprimé toute représentation, destinée à se prémunir contre des décisions prises par entraînement. Il ne restait plus qu'un pouvoir législatif unique en face du pouvoir royal qui, tout en étant reconnu et encore respecté, n'avait plus assez de force pour résister à ce qui, dans son ensemble, représentait la volonté du pays. Les uns et les autres, d'ailleurs, imbus des idées philosophiques, propagées inconsciemment par les hautes classes sociales, étaient entraînées vers des horizons nouveaux. L'anglomanie était de mode et les beaux esprits du XVIIIe siècle ne trouvaient rien de mieux que de pousser à copier les institutions anglaises. S'ils s'en étaient tenus à une imitation servile, peut-être en serait-il sorti une organisation qui eût pu durer Mais là encore les utopistes ont fait leur œuvre. On a tout rasé sans songer à construire. Or, le fondement de l'organisation sociale et politique de l'Angleterre reposait sur une puissante aristocratie, détenant tout ou presque tout ce qui a une durée certaine, la propriété territoriale; à ce qu'on peut appeler la communauté, en dehors de la noblesse, était dévolu le commerce et l'industrie et la masse plébéienne n'était qu'un instrument de travail. Telle est encore la base de l'organisation sociale anglaise. Tous, grands, moyens et petits acceptaient une pareille situation. Le sentiment national avait compris que l'union intime des trois classes concourrait au développement du pays, lui assurerait sa force, sa grandeur, sa puissance au dehors.

En France, au contraire, la noblesse n'était plus qu'un titre, n'avait nulle cohésion, nul pouvoir. Déchue de toute direction, elle était devenue un fantôme découronné, livrée à la risée publique. Il ne restait que le Tiers-Etat, aujourd'hui lui-même divisé et en lutte avec ce que quelques-uns appellent le quatrième Etat. Telles étaient les conditions dans lesquelles vont s'essayer les législateurs.

Le décret du 3 septembre 1789 fut bientôt suivi des décrets des 19 juillet et 16 septembre 1791, organisant la procédure criminelle, la police municipale et correctionnelle, la justice criminelle, la police de sûreté et les jurés.

Dans le premier décret de 1789, le juge d'instruction est en germe, c'est l'officier de police, assisté pour la constatation des délits et des crimes de deux adjoints, simples particuliers, choisis sur une liste de notables, dressée par la municipalité. Ils sont tenus *sous serment au secret*. Ils opèrent avec l'officier de police, en ce sens qu'ils suivent toute l'enquête jusqu'au décret de renvoi devant le jury d'accusation. La publicité n'existe pas dans cette période de l'instruction. Mais, si l'inculpé comparaît soit volontairement soit forcément par son arrestation, l'information devient contradictoire, c'est-à-dire que l'audition des témoins a lieu en sa présence. Il a droit à un conseil, mais celui-ci n'a d'autre mission que de vérifier les minutes des pièces dont copie a été délivrée à l'inculpé. Il n'intervient pas. L'officier de police, à la suite de cette information, a rendu un décret de renvoi devant le jury d'accusation. Alors le juge, directeur du jury, peut procéder à une enquête complémentaire. Le jury d'accusation est saisi, toute l'information qui se fait devant lui est publique. S'il trouve qu'il y a charges ou soupçons suffisants, il déclare qu'il y a lieu à renvoi devant le jury de jugement.

Telle était l'instruction qui, aujourd'hui, est confiée à un juge. Nous doutons fort que si ce régime était remis en vigueur, on s'en déclarât satisfait. D'ailleurs, dès l'an IV, le code pénal du 3 brumaire fait disparaître les deux adjoints. La procédure est confiée aux juges de paix et aux directeurs du jury d'accusation

Les juges de paix remplissent les fonctions d'officiers de police auxiliaires ; les directeurs du jury opèrent en réalité comme le font aujourd'hui les juges d'instruction. Ils révisent l'information première des juges de paix, la complètent par l'audition de témoins dont les dépositions sont recueillies par écrit. L'instruction est secrète, elle reste telle devant le jury d'accusation, et les membres qui le composent y sont tenus *par serment.* (Art 236 du code du 3 brumaire an IV.)

C'est donc aller un peu loin, comme le fait M. Cruppi, que d'attribuer à l'ancien et au nouveau monde judiciaire la pensée de ressaisir son ancienne autorité lorsqu'il a aidé, de son expérience, le génie de Napoléon à mettre de l'ordre dans ce qui était assez confus. M. Cruppi voit ce même esprit du *magistrat professionnel* s'accentuer dans l'habitude des parquets de correctionnaliser de nombreuses affaires qui sont enlevées à la connaissance du jury. Encore un peu et on s'imaginerait la magistrature animée de l'intention de revenir à plusieurs siècles en arrière. Quel est donc le magistrat qui voudrait rétrograder à l'instruction secrète du Châtelet? Quel est le magistrat qui voudrait faire disparaître le jury pour y substituer son omnipotence, terroriser les uns et les autres par cela que tout, la vie, l'honneur, la fortune de chacun serait entre ses mains? Nous retrouvons là une exagération d'auteur.

Quand, en 1808, il a fallu s'occuper de l'organisation de l'instruction criminelle, on a dû fixer une procédure, aussi éloignée des anciens errements que de l'application des théories anglaises.

Quelle est donc cette organisation si décriée? Elle est simple, claire, en dehors de toutes complications qui la rendraient inintelligible pour le plus grand nombre.

L'action publique appartient au procureur de la République; celui-ci transmet à un juge, nommé par décret, un réquisitoire d'information soit contre un individu soupçonné, soit pour informer sur un fait déterminé. Le juge, chargé de l'instruction, agit en pleine liberté pour arriver à la découverte de la vérité. Son instruction est secrète, mais, ainsi que nous l'avons dit, il doit contrôler tous les éléments de nature à établir soit la culpabilité, soit l'innocence. L'instruction close, il la communique au procureur de la République qui, après examen, la renvoie avec un réquisitoire formulant ses conclusions. Le juge d'instruction n'est pas tenu de suivre les réquisitions du procureur de la République. Il rend une ordonnance soit de renvoi, soit de non-lieu. Si le fait relevé est un délit correctionnel, renvoi devant le tribunal de police correctionnelle; s'il constitue un crime, renvoi devant la cour d'appel, en chambre des mises en accusation, qui statue sur le renvoi devant la cour d'assises ; la cour juge d'appel pour toutes les décisions. Au-dessus de tous est la cour de cassation qui, laissant de côté la question de fait, statue uniquement sur la question de droit. Tel est l'ensemble de la juridiction criminelle. Comme on le voit, pas de confusion, les pouvoirs de chacun sont parfaitement délimités. Est-il étonnant, en présence de cette organisation si simple, que beaucoup de pays nous l'aient empruntée et qu'en Angleterre on s'inquiète de l'y établir ?

IV

Modifications de l'Instruction criminelle

Quand nous avons entrepris notre travail, nous ne nous doutions point des surprises qu'il nous ménageait ; nous pensions discuter les projets élaborés par le Sénat et la commission de la Chambre des Députés. Mais dernièrement un projet complémentaire a été présenté par le gouvernement ; nous n'en connaissons pas les bases. Dans ces conditions, nous ne nous attacherons à aucun de ces documents et nous nous contenterons d'exposer nos idées sur les améliorations qui pourraient être apportées au mode de procéder de l'instruction criminelle. Nous toucherons ainsi à toutes les questions qui peuvent être soulevées à ce sujet.

La presse nous réservait une dernière surprise. L'*Echo de Paris* et le *Journal* se sont livrés à une enquête sur *l'instruction contradictoire*. Elle est consignée dans les numéros de l'*Echo de Paris* du 20 février et du *Journal* des 19 et 20 du même mois.

Les deux journaux ont appelé, à leur barre, magistrats et avocats. Malgré l'humour de certaines lettres, il en ressort que nul ne songe à revenir à l'instruction de 1789, 1791, et que tous semblent reconnaître qu'il y a peu de chose à faire. Nous sommes de cet avis, et la vraie conclusion à tirer de ces consultations est celle de Me Tezenas, qui s'exprime ainsi dans le *Journal* : « Que le secret soit sagement limité ; qu'il soit donné connaissance de la procédure, acte par acte ; que des contre-expertises soient possibles quand l'accusé estimera qu'elles peuvent servir ses intérêts ; que d'autres mesures encore soient prises dans le même esprit. que, naturellement, le défenseur puisse communiquer avec son client quand le secret sera levé ; ainsi on aboutira à une amélioration certaine de notre procédure criminelle et on ne risquera pas d'énerver la répression. » On ne peut mieux dire, et le gouvernement fera bien de s'inspirer de considérations aussi sages que justes.

Mais n'est-il pas étrange que ce soit la presse qui ouvre une enquête qui aurait dû être faite par la chancellerie ? D'avis demandés aux magistrats compétents, aux conseils de l'ordre des avocats, nous n'en connaissons pas. Une commission extraparlementaire a fonctionné en 1878, voilà plus de quinze ans. Depuis, la question s'agite dans la presse, dans les milieux judiciaires ; on connaît à peu près tous les systèmes qui peuvent se produire. Il nous semble qu'il eût été prudent de consulter, tout au moins, les procureurs généraux, sous la surveillance desquels sont placés les juges d'instruction. Nous sommes loin de contester la science infuse de la direction des affaires criminelles au ministère de la justice ; elle ne peut se tromper. Ce qui ne l'empêche pas cependant de faire des impairs, témoin l'affaire Rempler, dont les irrégularités n'ont point été couvertes par un ordre du jour approbatif.

Les députés ont oublié une fois de plus qu'ils ne sont pas au-dessus de la loi et que, malgré leur témoignage de confiance, un inculpé pouvait toujours se prévaloir d'une illégalité.

Nous ne prétendons pas dire qu'on ne peut enlever l'instruction au juge titulaire, mais encore faut-il des motifs sérieux, autres que des motifs politiques. Un procureur général peut avoir à se plaindre d'un juge d'instruction, il en a parfaitement le droit, l'intérêt même du service lui en prescrit le devoir. Mais il est en présence d'une situation qui mérite des ménagements et exige qu'aucune mesure ne soit prise sans un avertissement au magistrat et une mise en demeure de fournir des explications. S'il en était autrement, si, par un caprice quelconque, il était loisible de faire rentrer dans le rang un juge d'instruction, quelle garantie aurait-on de son indépendance, de sa liberté d'appréciation !

Il peut certes se produire une divergence entre lui et le procureur de la République, dans une poursuite à entreprendre. Le moyen d'en sortir est simple : le juge d'instruction communique le dossier et le procureur prend des réquisitions. Le juge d'instruction les suit et sa responsabilité est dégagée. Procéder autrement, donner une instruction à un juge, non pourvu de la fonction, est tout ce qu'il y a de plus illégal, surtout quand tous les juges qui en sont investis sont à leur poste. Il est, à notre avis, tout aussi irrégulier de changer, au cours d'une information, un juge d'instruction sans que celui-ci ne rende une ordonnance de dessaisissement. Qu'il y ait congé, maladie, un juge remplace l'autre, ou il est pourvu à la suppléance par le tribunal. Mais conçoit-on un dossier passant de main en main, sous n'importe quel prétexte ? L'inculpé n'aurait-il pas le droit de se plaindre de ce chassé–

croisé qu'on lui ferait faire du cabinet d'un juge d'instruction à un autre cabinet ?

L'unique garantie de l'instruction criminelle réside dans l'indépendance du magistrat auquel elle est confiée. On ne doit jamais l'oublier.

Arrivons aux améliorations dont est susceptible l'instruction criminelle. Ces délicates questions ont été traitées par M. Jacomy, avocat général à la cour de Paris, avec une réelle compétence, dans un style lumineux. Nous sommes heureux d'ajouter que nous sommes d'accord avec lui sur presque tous les points.

Les observations que nous avons présentées au cours de ce travail ont dû faire pressentir nos conclusions.

Nous ne sommes nullement partisan d'un retour à la législation de 1791. Le jury d'accusation a été remplacé par la chambre du conseil du tribunal à laquelle on a substitué depuis le juge d'instruction qui, sur les réquisitions du procureur de la République, rend une ordonnance. Nous serions tenté de remettre au tribunal la décision qui doit intervenir après la clôture de l'instruction. Cependant, cette mesure qui désaisissait le tribunal, a été, à son origine, considérée comme utile et de nature à abréger la détention de l'inculpé. Il est vrai que le juge d'instruction faisait partie de la chambre du conseil qu'on représentait comme étant d'avance acquise à son opinion. Nous préférons néanmoins l'ancien mode, mais nous écarterions de la chambre du conseil le juge d'instruction. La procédure serait celle suivie devant la chambre des mises en accusation. De cette manière, l'instruction serait contrôlée en toute liberté et le tribunal pourrait provoquer un supplément d'information sur les points qu'il déterminerait.

Comme conséquence, à partir de la clôture de l'instruction et avant la transmission du dossier au procureur de la République, nous admettrions *de droit* la communication des pièces à l'inculpé, à son défenseur, à la partie civile. L'inculpé devrait être personnellement avisé de la clôture de l'instruction et interpellé par le juge pour déclarer s'il entend ou non en prendre communication par lui-même ou par son défenseur. Il serait averti qu'il peut réclamer un avocat qui lui serait nommé d'office, s'il n'en avait pas. S'il demandait la communication, le dossier ne serait transmis au procureur de la République qu'après l'examen qui en serait fait, dans un délai fixé sur l'indication de l'inculpé. La défense aurait donc le droit de produire un mémoire qui serait joint à la procédure. Il en serait de même pour la partie civile. Le procureur de la République aurait ainsi tous les éléments de l'information tant à charge qu'à décharge et formulerait ses conclusions en toute connaissance de cause. Le juge pourrait même trouver dans les mémoires des motifs pour compléter les renseignements déjà recueillis.

Faudrait-il permettre la discussion de l'instruction, soit publique, soit à huis clos, devant le tribunal ? On se rapprocherait ainsi de la procédure qui était suivie devant le jury d'accusation. Nous ne le conseillerons pas. Il ne faut point oublier qu'à cette phase des poursuites il s'agit, non d'une déclaration de culpabilité, mais seulement de l'examen de présomptions, d'indices assez graves, de nature à autoriser le débat public qui précède le jugement. S'il en était autrement, on risquerait de voir la discussion qui s'établirait entre toutes les parties, ministère public, défenseur, partie civile, dégénérer en discussion sur le fond, et la décision du tribunal devenir, en réalité, une déclaration de culpabilité. L'instruction, proprement dite, doit, à notre avis, rester une instruction écrite jusqu'au renvoi, soit devant le tribunal correctionnel, soit devant le jury.

Nous sommes, comme on le voit, partisan de l'instruction secrète, laissée au pouvoir du juge, avec l'intervention seule de l'inculpé. Nous n'entendons pas, par là, lui enlever tous moyens de défense. Nous accepterions et demanderions, au contraire, que le juge fût obligé de lui donner connaissance des dépositions *à charge* et de le confronter avec les témoins. C'est d'ailleurs ce qui a lieu le plus ordinairement. Le juge y trouve l'avantage de connaître les moyens de défense, de les contrôler, de les rapprocher des preuves de culpabilité, et d'en faire jaillir la vérité.

Est-ce à dire que, sur la demande de l'inculpé, on ne pût lui communiquer le dossier, à lui ou à son défenseur? Nullement, mais sous cette condition que le défenseur prêterait serment de garder le secret jusqu'à la clôture de l'instruction. Le juge, néanmoins, devrait rester libre de choisir le moment où cette communication pourrait avoir lieu sans inconvénient. Ainsi l'instruction serait, comme le dit M. Jacomy, *ouverte* à l'inculpé, dont les moyens de défense auraient plus de précision.

Nous repoussons toute instruction faite publiquement, sous n'importe quelle forme. Nous en avons signalé les inconvénients, nous n'y reviendrons pas.

Cependant, si nous en croyons M. Ambroise Rendu (*Soleil*, 21 février), le dernier projet du gouvernement entrerait dans cette voie, en prescrivant le débat contradictoire après le premier interrogatoire. Ministère public, partie civile, inculpé, défenseur devraient être présents ou pourraient l'être, toutes les fois qu'un inculpé serait *interrogé* ou *confronté avec un témoin*. Ils ne pourraient prendre la parole qu'autorisés par le juge d'instruction, mais ils auraient le droit de requérir le juge de procéder à tout acte d'information qui leur paraîtrait nécessaire à la manifestation de la vérité, sauf au juge à statuer sur leur demande. M. Rendu ne dit pas ce qu'il adviendrait si le juge repoussait leur demande, il serait cependant précieux de le savoir. Le projet a peut-être oublié de s'en expliquer.

On voit, par cet exposé, que les auteurs de ce projet n'ont aucune pratique de l'instruction. Ils ne se rendent pas compte des difficultés qu'elle présente, par elle-même, dans des affaires délicates ou confuses au début et qu'il est inutile d'y en introduire de nouvelles qui ne manqueraient pas de naître par la confrontation de toutes les parties. Leur coopération à l'instruction n'aurait d'autre avantage que d'en retarder indéfiniment la clôture et de prolonger la détention préventive. D'un autre côté, il y aurait nécessité de doubler ou tripler le nombre des juges d'instruction. Il en serait de même pour les membres du parquet qu'on s'est plu à réduire outre mesure et sans aucun discernement. Ni les uns ni les autres ne sauraient, dans les conditions actuelles, suffire à la tâche qui leur serait imposée.

Bien que le cabinet du juge d'instruction reste fermé au public, ce mode de procéder *contradictoirement* est un retour à l'instruction publique. Autant y revenir de suite et franchement. Nous dirons plus : mieux vaudrait aborder de front l'enquête contradictoire et publique, telle qu'elle avait lieu devant le jury d'accusation. Au moins, sous le régime du code du 3 brumaire an IV, le directeur du jury pouvait réunir les éléments de l'information, sans être troublé par l'intervention de personne. Mieux vaudrait laisser le ministère public, la partie civile aux prises avec l'inculpé et supprimer le juge d'instruction. Nous aimerions à croire qu'il y a de l'exagération dans l'exposé de M. Ambroise Rendu, mais cela ne peut être puisqu'il résume les articles 3 et 7 du projet du gouvernement. Nous ne nous y arrêterons pas davantage.

V

Des Flagrants Délits

M. Ambroise Rendu nous amène à parler de la procédure des flagrants délits.

La loi du 20 mai 1863, dans le but d'abréger la détention préventive et d'atteindre l'inculpé par une répression immédiate, prescrit une procédure spéciale pour la poursuite des délits correctionnels, dont les auteurs sont pris au moment de la découverte du délit ou peu après, c'est-à-dire en flagrant délit.

L'inculpé arrêté est alors conduit devant le procureur de la République qui lui fait subir un interrogatoire, puis le renvoie, s'il le juge convenable, pour être jugé devant le tribunal ou la section du tribunal qui tient audience. Après l'interrogatoire, l'audition des témoins, qui peuvent être *cités verbalement,* l'inculpé est jugé, condamné, s'il est reconnu coupable, acquitté et remis en liberté s'il est relaxé des poursuites.

Cette manière d'information et de jugement peut néanmoins être modifiée par le tribunal, s'il ne trouve pas les renseignements recueillis suffisants pour en finir rapidement. Dans ce cas, l'inculpé est placé sous mandat de dépôt ou mis en liberté avec ou sans caution. L'affaire est renvoyée à une prochaine audience et, dans l'intervalle, des renseignements complémentaires sont pris par les soins du procureur de la République. Cependant l'inculpé a droit à un délai de trois jours, s'il le réclame, pour préparer sa défense. En vingt-quatre heures un inculpé peut être arrêté, jugé et condamné.

Cette procédure expéditive fut employée en 1890, lorsque le duc d'Orléans vint en France pour prendre part au tirage au sort de la classe appelée sous les drapeaux, dont il faisait partie. Il eût été condamné à la muette, si le bâtonnier de l'ordre des avocats de Paris, Me Cresson, n'eût été averti et ne se fût présenté à la barre du tribunal. Il obtint l'autorisation de conférer avec le duc d'Orléans, qu'il mit au courant des droits de la défense.

Pour M. Ambroise Rendu, l'expérience de ce mode d'instruction est faite et n'a pas donné de mauvais résultats. Il semble l'envisager comme rendant possible une instruction publique, analogue à celle pratiquée en Angleterre.

M. Cruppi n'est pas aussi enthousiaste de cette procédure à la vapeur, dont il signale les inconvénients, à savoir : que, dans de nombreuses affaires, l'instruction est trop sommaire et met le tribunal dans la nécessité de surseoir jusqu'à plus ample informé. En cela, M. Cruppi a parfaitement raison. Il est souvent arrivé que, par suite de trop de précipitation, des inculpés ont échappé aux peines de la récidive.

Ce qui nous touche le plus dans l'approbation de M. Rendu à cette manière de procéder, est qu'il serait tenté d'en faire l'application aux affaires de toute nature. S'il en était ainsi, les juges d'instruction deviendraient inutiles. Les procureurs de la République leur seraient forcément substitués et réuniraient entre leurs mains les droits de poursuite et d'information. Ils auraient le droit de diriger l'instruction, en vue uniquement de la culpabilité de l'inculpé, qui n'aurait aucun moyen de se défendre contre une accusation dont il n'aurait pas le secret. En outre, si on étendait ce mode de procéder à la poursuite des crimes, ce serait la cour qui serait appelée à statuer en premier et dernier ressort, d'où suppression d'un degré de juridiction et, dans un délai très court, suppression du jury.

On nous dira, sans doute, que la cour restera simplement chambre des mises en accusation. Mais alors, avant d'affronter le jury, il faudra recourir à une instruction qui sera confiée à un membre de la cour, devenu véritable juge d'instruction. Pourquoi alors supprimer le juge d'instruction puisque, pour les crimes, tout au moins, on en reconnaît la nécessité ?

Nous ne nous chargerons pas de la réponse. Nous nous permettrons d'observer que ce serait plus qu'un acheminement à l'instruction ouverte, mais un pas fait dans le système anglais et qu'il vaudrait autant introduire la publicité du débat, avec un jury d'accusation.

On nous taxera sans doute de vouloir, quand même, maintenir les fonctions du juge d'instruction. Nous sommes loin de le méconnaître, parce que nous les croyons absolument utiles à la bonne administration de la justice criminelle et que nous n'entendons pas sacrifier à des théories, d'un aspect plus ou moins libéral, l'intérêt de la société.

Dans les affaires correctionnelles, la nécessité du juge d'instruction se fait moins sentir, et cependant combien nombreuses sont celles qui ont besoin d'une instruction préparatoire et impartiale ! D'ailleurs, pour les affaires de minime importance, ou qui ne présentent nulle difficulté, la citation directe et la procédure du flagrant délit permettent de n'avoir pas recours à l'intervention du juge d'instruction.

En matière d'expertise, nous accepterions la contre-expertise au cours de l'information. Nous irions même plus loin, car nous autoriserions l'inculpé à demander l'adjonction d'un expert désigné par lui, mais remplissant les qualités requises, suivant la nature de l'expertise.

L'intervention du défenseur au cours de l'information, admise en principe, il s'ensuit la liberté de communiquer avec l'inculpé. Toutefois, l'autorisation n'en serait accordée que si le juge ne croyait pas devoir l'interdire momentanément.

Quant à la mise au secret proprement dite, c'est à-dire l'isolement complet de l'inculpé, nous la considérons comme une mesure exceptionnelle. Voudrait-on autoriser l'inculpé à demander de la faire cesser ? Nous lui concéderions cette faculté, sous la condition que le juge d'instruction n'y serait contraint que par un réquisitoire conforme du procureur de la République, en réservant toutefois à la chambre du conseil de statuer sur l'appel soit du juge, soit de l'inculpé.

Admettre en principe la levée de la mise au secret, le droit de communiquer après le premier interrogatoire, qui n'est en général qu'un interrogatoire de forme, précédant le mandat de dépôt, serait compromettre l'instruction et ouvrir la porte à une multitude d'inconvénients.

Nous pensons que ce sont les seuls points sur lesquels on pourrait modifier la procédure de l'instruction criminelle. Aller plus loin nous semblerait un danger qui aurait des conséquences funestes pour la répression des délits et des crimes.

VI

De la Correctionnalisation et des Frais

Nous dirons un mot sur deux questions dont l'une, notamment, est soulevée par M. Cruppi. Nous voulons parler de la correctionnalisation qu'il critique avec juste raison.

Il est certain que la tendance des parquets, encouragés par les gardes des sceaux, est mauvaise, au point de vue légal. Il est, en effet, contraire à la loi de ne pas respecter la classification pénale; de supprimer, du fait principal, les circonstances aggravantes qui caractérisent les crimes dont la connaissance appartient de droit à la cour d'assises.

Nous ne dissimulerons pas que bien des faits, qualifiés crimes, ne sont plus envisagés comme tels par les masses qui se préoccupent plus du préjudice causé que de la gravité des circonstances, accompagnant le fait délictueux. On peut y voir un adoucissement dans les mœurs, nous y voyons plutôt un abaissement du sens moral. Cependant, il semblerait juste de tenir compte de l'importance du préjudice comme l'un des éléments constitutifs d'un crime. On comprend difficilement, par exemple, que le vol d'un lapin, d'une poule, s'il a été commis en fracturant la porte de la cabane ou du poulailler, la nuit, dans une dépendance de maison habitée, soit déféré à la cour d'assises. On est porté à dire : *de minimis non curat pretor,* la cour d'assises ne devrait pas s'occuper de si minimes affaires. Néanmoins la loi existe, elle doit être appliquée. Il faudrait que la loi fût changée pour rentrer dans la légalité.

Il serait cependant possible, sans entreprendre un travail, qui ferait reculer nos députés, de donner satisfaction au sentiment public. Puisque l'on a l'intention de toucher à l'instruction préliminaire on pourrait y introduire une disposition qui ferait corps avec l'instruction même et autoriserait le juge, sur la demande de l'inculpé qui serait interpellé à ce sujet, à renvoyer devant le tribunal correctionnel les affaires qu'il estimerait ainsi que le procureur de la République, susceptibles d'être dégagées des circonstances aggravantes. La correctionnalisation deviendrait ainsi régulière et légale.

Il faudrait toutefois que tous les inculpés, compris dans une même poursuite et sur les mêmes faits, y consentissent. Le refus d'un seul entraînerait forcément le renvoi devant la chambre des mises en accusation. La répression ne courrait aucun risque, le procureur de la République et le juge restant libres d'accepter ou de rejeter la demande de l'inculpé. En cas de dissentiment la chambre du conseil statuerait, au besoin, la chambre des mises en accusation.

Nous irions même plus loin; nous accepterions en principe que le juge d'instruction, sur les réquisitions du procureur de la République, aurait le droit de dégager le crime des circonstances aggravantes, lorsque le préjudice éprouvé serait inférieur à une somme déterminée, trois cents, par exemple. Dans ce cas la correctionnalisation appartiendrait exclusivement au procureur de la République et au juge d'instruction; car il ne faut pas oublier que des tentatives, non suivies d'effet, présentent souvent une gravité qui nécessite une répression sévère. On enlèverait, il est vrai, au jury d'assez nombreuses affaires qui se terminent presque toujours par une peine correctionnelle. Il conviendrait de laisser au procureur général le droit d'appeler de la décision de la chambre du conseil qui aurait toute liberté de suivre ou de ne pas suivre les réquisitions du procureur de la République. Le droit d'appel appartiendrait également à l'inculpé et la chambre des mises en accusation statuerait souverainement.

DE L'ACTION DIRECTE DE LA PARTIE CIVILE

Le dernier point et le plus grave est celui de l'action directe de la partie civile dans la poursuite des crimes.

Cette action n'a donné lieu, que nous sachions, à aucun abus en matière de délits correctionnels. Lorsqu'il s'agit d'un crime, la partie civile ne peut actuellement agir que par une plainte et se joindre à l'action publique. S'il n'est pas donné suite à la plainte, il ne lui reste que la voie de l'action civile. Nous ne saisissons pas bien le motif de cette différence entre les deux natures de poursuites. Dans l'une et l'autre, la partie civile est guidée par l'intérêt qu'elle a à obtenir la réparation d'un préjudice.

Cependant, si on voulait en faire l'essai, il serait sage d'entourer l'action publique, mise ainsi aux mains de la partie civile, de certaines précautions, afin d'éviter un danger signalé en Angleterre. Ce danger consiste dans un véritable chantage imputé à la partie civile, qui vend la cessation des poursuites. Pour y parer, il conviendrait de réserver au procureur général le droit de continuer la poursuite, aux risques et périls de la partie civile, qui ne serait plus maîtresse de l'abandonner sans son consentement.

Devrait-on étendre le droit de la partie civile à une action directe même lorsqu'elle n'y aurait pas un intérêt personnel, mais un intérêt purement social? C'est, nous l'avons dit, une question très délicate. Cependant, en Angleterre, il existe des sociétés organisées pour la poursuite de certains délits, tels ceux qui ont trait aux bonnes mœurs. Y aurait-il grand inconvénient, par exemple, que ces sociétés financières plus ou moins véreuses, faisant appel à l'épargne, fussent sous le coup de l'action directe des citoyens? Rechercher les différentes espèces nous entraînerait trop loin. Nous nous contentons d'indiquer la question.

Incidemment nous nous expliquerons sur une disposition de la loi, contre laquelle nous ne saurions trop nous élever.

Devant la police correctionnelle, la partie civile, quel que soit le résultat des poursuites, est condamnée aux frais envers l'Etat, sauf son recours contre le condamné, et cela même lorsque le ministère public a requis et obtenu l'application d'une peine. Cette réquisition, suivie d'une condamnation, ne montre-t-elle pas que la partie civile, par sa citation directe, a eu raison de mettre en mouvement l'action publique? Pourquoi laisser à sa charge des frais que l'insolvabilité du condamné ne lui permet pas de recouvrer? Ces frais ne sont-ils pas, en réalité, une avance au Trésor public? Pourquoi celui-ci est-il dispensé d'en tenir compte? On ne voit pas le motif d'une semblable anomalie. Que les frais proprement dits de la partie civile restent à sa charge, rien de plus juste. Ils ont été faits pour obtenir des dommages et intérêts, ce sont des frais civils; mais les autres sont des frais criminels que l'Etat eût supportés s'il y avait eu une poursuite d'office, en l'absence de toute partie civile. Celle-ci, en se substituant au ministère public, a fait ce qu'il aurait dû faire. Il y a mieux, souvent des affaires de minime importance sont classées au parquet avec cette mention : *A suivre par la partie civile.* Il en résulte que bien des délits échappent à toute répression. La partie civile, en effet, recule devant des frais qu'elle n'a pas chance de recouvrer.

Pour éviter cet inconvénient, la Chambre des Députés vient de voter une loi qui exonère de ces avances les députés et les sénateurs dans les poursuites qu'ils intentent pour diffamation.

Avant de terminer, nous nous expliquerons sur la situation hiérarchique du juge d'instruction.

VII

De la Situation actuelle et à venir du Juge d'Instruction

Le complément de notre travail a trait nécessairement à la situation légale, actuelle et de fait du juge d'instruction, mise en regard de celle qui devrait lui appartenir.

La loi a voulu que le juge d'instruction fût complètement indépendant dans l'exercice de sa fonction. Placé sous la surveillance exclusive du procureur général, c'est à lui seul qu'il doit compte de son service. Cette désignation hiérarchique montre l'importance de la fonction, la dégage de toute influence d'un ordre secondaire ; il n'en est pas toujours ainsi. En fait, le juge d'instruction est trop souvent dans la dépendance du procureur de la République qui a le tort de le considérer en subordonné, non en chef de service, ne se rattachant à lui que par la nécessité où il est, avant d'agir, d'attendre ses réquisitions.

Cette dépendance a été accentuée par la mesure législative qui autorise à charger de l'instruction *un juge suppléant*, c'est-à-dire un magistrat au début de sa carrière, sans expérience acquise, trop jeune pour en avoir et disposé naturellement à en référer dans toutes circonstances à celui qu'il considère comme un chef.

Nous voudrions que l'instruction ne fût jamais confiée à un juge suppléant. Nous savons, en nous exprimant ainsi, à quelles récriminations nous nous exposons, mais nous ne devons, en aucune façon, nous y arrêter.

Sans doute il se rencontrera dans les juges suppléants de véritables capacités, mais si l'on songe qu'il suffit d'avoir vingt-cinq ans pour être placé à la tête d'un service aussi important; que, la plupart du temps, la nomination du juge suppléant est complétée par la charge de l'instruction, on se rend compte immédiatement du péril sérieux auquel on expose l'instruction préparatoire. Elle sera confiée ou à des mains hésitantes, ou à des mains inhabiles, ou à des mains présomptueuses, ou à des mains ambitieuses, qui n'y verront qu'un titre à l'avancement.

C'est précisément ce titre à l'avancement qu'il convient de faire disparaître en s'adressant à des magistrats rompus à la pratique des affaires, dont on aura pu reconnaître, par un stage d'une certaine durée, l'esprit de discernement joint à un caractère indépendant.

Est-ce bien le but que se proposent d'atteindre les promoteurs des modifications présentées pour améliorer, dans un sens libéral, les règles de l'Instruction Criminelle? On nous permettra d'en douter, car rien dans leurs projets n'indique la pensée de relever le juge d'instruction et de le soustraire à toute dépendance. A notre avis, si l'on n'entre pas résolument dans cette voie, on n'obtiendra aucune amélioration sérieuse.

Puisque l'on est si désireux d'emprunter à l'Angleterre la publicité de l'instruction, que ne lui emprunte-t-on pas, ce qui est sa grande force, la liberté dans l'indépendance complète du magistrat. Malgré des usages surannés, la justice criminelle anglaise est respectée à l'égale de la couronne. Bien que rendue en son nom, elle est hors de son influence. Les hommes qui en sont chargés sont dans une situation si élevée que les pouvoirs publics sont forcés de compter avec eux.

Nous sommes loin de vouloir rêver pour les juges d'instruction des positions équivalentes, mais nous voudrions que de sages mesures consacrassent leur indépendance.

Le vice principal tient à ce qu'ils sont presque des sous-ordres des procureurs de la République. La première condition pour supprimer cette infériorité serait qu'ils fussent dans une situation égale et que ce qui, en principe, est vrai, soit, en fait, également vrai. Il faudrait tout d'abord prendre des magistrats d'une expérience acquise et donner à leur fonction plus de relief. Dans les tribunaux où il y a plusieurs sections, les vice-présidents priment les juges d'instruction; c'est le contraire qui devrait exister. Nous n'entendons pas méconnaître les services des vice-présidents, mais ils ont auprès d'eux d'autres juges qui, pour les décisions à intervenir, les aident de leurs lumières et les empêchent souvent d'errer. Le juge d'instruction, lui, est seul ; sa responsabilité n'est pas anonyme, elle est personnelle et, par là même, autrement grave. Il n'est aidé, conseillé, dirigé par personne, il est seul pour prendre une décision. Et quelle décision ?... Elle le place en face des intérêts sociaux, qu'il doit sauvegarder, et des intérêts de l'inculpé dont la liberté et l'honneur dépendent de lui.

Elevez donc le magistrat revêtu d'un tel caractère et mettez-le hors pair. Vous assurerez son indépendance en augmentant le respect qui lui est dû. Le budget sera, sans doute, obligé à un sacrifice ; mais qui le regrettera ?... quand chacun sera certain de trouver, dans l'indépendance du magistrat, un refuge contre toute menace insidieuse.

On objectera peut-être que mettre le traitement en rapport avec la situation n'empêchera pas le magistrat de désirer de l'avancement et qu'il y aurait sacrifice d'argent sans compensation ; tel n'est pas notre avis. La désignation pour les fonctions de juge d'instruction ne sera plus pour le magistrat un pis aller, mais une distinction qui l'attachera à la fonction parce qu'elle lui donnera une situation exceptionnelle, indépendante, celle d'un chef de service. Vous aurez vite créé des magistrats de carrière dont le recrutement deviendra d'autant plus facile qu'une considération toute particulière en sera la conséquence. Tout magistrat d'une valeur réelle ambitionnera l'instruction. Les uns y verront le couronnemeut de leur carrière, les autres l'emploi de facultés inutilisées. Aussi, nous voudrions que le magistrat qui serait choisi eût au moins dix ans d'exercice, soit dans le parquet, soit dans la magistrature assise. Ce stage, relativement assez long, éliminerait beaucoup de compétitions et la sélection deviendrait bien plus simple pour les présentations. Il faudrait enfin que la liste de présentation appartînt excusivement aux chefs des cours d'appel, beaucoup mieux placés que la chancellerie pour avoir des renseignements sur leur personnel.

En exposant ainsi ces idées, nous n'entendons pas atteindre la perfection, mais indiquer une voie dans laquelle on devrait entrer, en faisant intervenir une mesure législative que ni circulaires ni instructions ne pourraient modifier.

Nous terminons notre étude par ces dernières considérations dont l'importance, nous l'espérons, n'échappera à personne. Avons-nous réussi à jeter quelque clarté sur cette épineuse question du secret de l'instruction, dont tout le monde parle et que bien peu connaissent ? C'est au lecteur de répondre. Quant à nous, nous pouvons affimer que nous l'avons examinée sans parti-pris, sans aucune pensée d'hostilité envers qui que ce soit. Nous avons entendu nous attaquer aux idées; peut-être l'avons-nous fait avec une certaine vivacité. Si nous avons dépassé la mesure permise, nous nous en excusons.

Rouen, 16 Mars 1896.

ROUEN. — ANCIENNE IMPRIMERIE LAPIERRE.

BIBLIOTHÈQUE NATIONALE IMPRIMÉS

www.ingramcontent.com/pod-product-compliance
Ingram Content Group UK Ltd.
Pitfield, Milton Keynes, MK11 3LW, UK
UKHW022144170726
13837UKWH00004B/1759